Nicole Künzel

Pferde richtig pflegen

CADMOS

Inhalt

Danksagung

Vielen Dank meiner Freundin und Lektorin Ruth Gellersen, meiner Freundin Mechthild Kries, Heidrun Hafen, Tobias Keller, Eberhard Kern, Kirsten und Stefan Becker für die fachliche Beratung, Reitsportgeschäft Engelke für das zur Verfügung Stellen des Zubehörs und Joane, Merlin, Janin und ihren Pferden fürs Modellstehen. Der Reitanlage Kattenbach im Krodoland Bad Harzburg danke ich für die Genehmigung zum Fotografieren.

Impressum

Gestaltung und Satz: Ravenstein, Verden
Fotos: Nicole Künzel, Tobias Keller
Zeichnungen: Heidrun Hafen
Druck: Rasch, Bramsche

Printed in Germany.

ISBN 3-86127-280-6

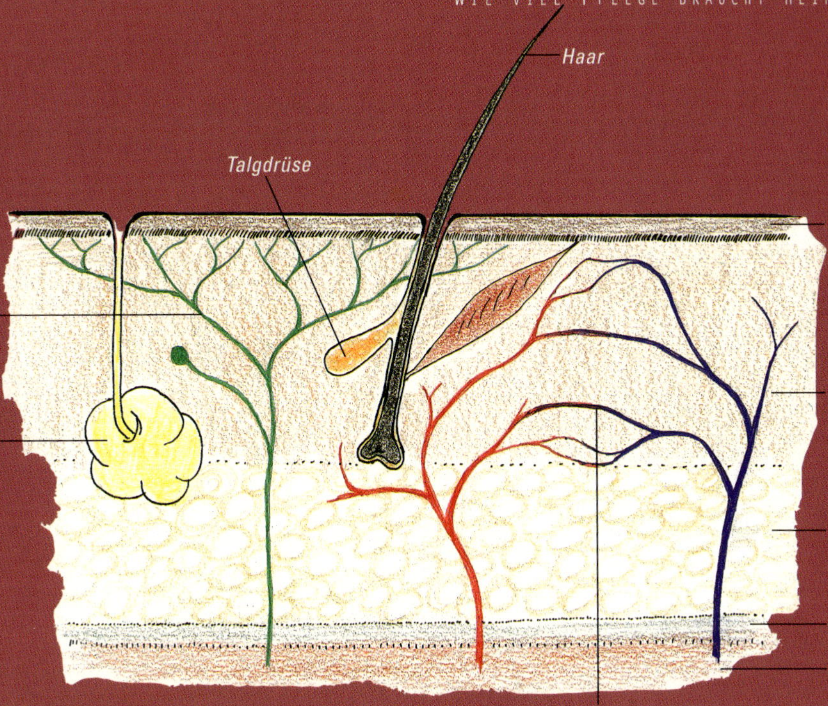

Querschnitt durch die Haut des Pferdes. Die Haut ist ein hoch entwickeltes System. Wird sie in ihrer Funktion gestört, kann dies zu einem Unwohlsein bis hin zu Erkrankungen des Pferdes führen.

Wie viel Pflege braucht mein Pferd?

Wie pflegen sich Pferde in der freien Wildbahn?

Wildpferde sind in der Natur den unterschiedlichsten Witterungsbedingungen wie Regen, Kälte, Wind und Sonne ausgesetzt. Dabei schützt die Haut zusammen mit dem Haarkleid den Organismus des Pferdes vor den verschiedenen Umwelteinflüssen, Verletzungen und Einwirkungen über Druck oder Stoß. Auch das Eindringen von Viren, Parasiten und Bakterien wird durch eine intakte Hautschicht erschwert oder verhindert.

Um eine konstante Körpertemperatur halten zu können, ist die Haut mit Haaren, Talg- und Schweißdrüsen sowie Blutgefäßen ausgestattet. Damit Fell und Haut auch bei Nässe wasserabweisend und isolierend wirken, werden sie durch die Talgdrüsen gefettet.

Wieso benötigt nun das Wildpferd keine pflegende Hilfe des Menschen, im Gegensatz zu unserem Hauspferd?

Unserem domestizierten Pferd können wir heute in den wenigsten Fällen die abwechslungsreiche, weitläufige Natur bieten, die es benötigen würde, um sich selbst zu pflegen. Bäume und Sträucher zum Kratzen, unterschiedliche Bodenverhältnisse zum Wälzen für die Durchblutung der Haut und für den natürlichen Abrieb der Hufe, Wasserstellen, um Hufe und Haut anzufeuchten, außerdem weitläufige Weideflächen:

Zwei, die sich mögen! Die gegenseitige Fellpflege dient dem körperlichen und seelischen Wohlbefinden.

So sieht die ideale Umgebung für ein Pferd aus. In der immer noch weit verbreiteten Stallhaltung kommt die gegenseitige Fellpflege jedoch oft zu kurz. Auch große, abwechslungsreiche Weiden findet man selten. Viele Pferdebesitzer sind froh, wenn sie ihren Pferden stündlichen Koppelgang ermöglichen können. Damit das Pferd sich trotzdem seelisch wie körperlich wohlfühlen kann, muss der Mensch ihm bei seiner Pflege helfen.

Pferdepflege für Wohlbefinden und Leistung

Wenn wir über fachgerechte Pferdepflege sprechen, ist keinesfalls nur das Putzen des Pferdes vor dem Reiten gemeint. Die Pferdepflege umfasst viel mehr. Möchte der Reiter einen gesunden, leistungsbereiten, freudig mitarbeitenden Partner, so sind viele Aspekte rund um das Pferd zu beachten. Die Grundvoraussetzung dafür ist eine Haltung, die den natürlichen Bedürfnissen des Pferdes möglichst nahe kommen sollte.

Dem Lauftier Pferd ist genügend freie Bewegung auf der Weide oder dem Paddock zu verschaffen. Der Gesamtorganismus des Pferdes ist in der Natur auf etwa 15 Stunden Bewegung am Tag bei der Nahrungsaufnahme eingestellt. Um den Körper optimal leistungsfähig zu halten, genügt es also nicht, das Pferd täglich eine Stunde zu bewegen und es die restlichen 23 Stunden in der Box zu lassen.

Zur Pflege des Pferdes gehört auch die regelmäßige Versorgung mit frischem Wasser und eine genau auf das Pferd abgestimmte Fütterung.

Ein täglich gemisteter Stall sorgt weiterhin für ein gesundes Wohlbefinden, auch Paddock und Weide sollten spätestens alle drei Tage abgeäppelt werden.

Im Umgang mit dem Pferd können Sie den körperlichen und seelischen Zustand Ihres Pferdes erkennen. Bei Auffälligkeiten ist immer ein Tierarzt zu konsultieren.

Pferde sind keine Einzeltiere, sie brauchen Kontakt zu ihren Artgenossen. Bei Pferden, die diesen regelmäßigen Sozialkontakt nicht haben, muss der Mensch die Aufgabe der Körperpflege übernehmen. Der Mensch gleicht den mangelnden Sozialkontakt also nicht nur in pflegender, sondern auch in seelischer Hinsicht ein wenig aus. Das Fellkraulen untereinander ist für das Wohlbefinden des Pferdes sehr wichtig.

Das tut gut! Funny zeigt deutlich, dass ihr die Massage gefällt.

Die Pferdepflege umfasst nicht nur das Putzen, sie ist breit gefächert und erstreckt sich auf viele Gebiete.

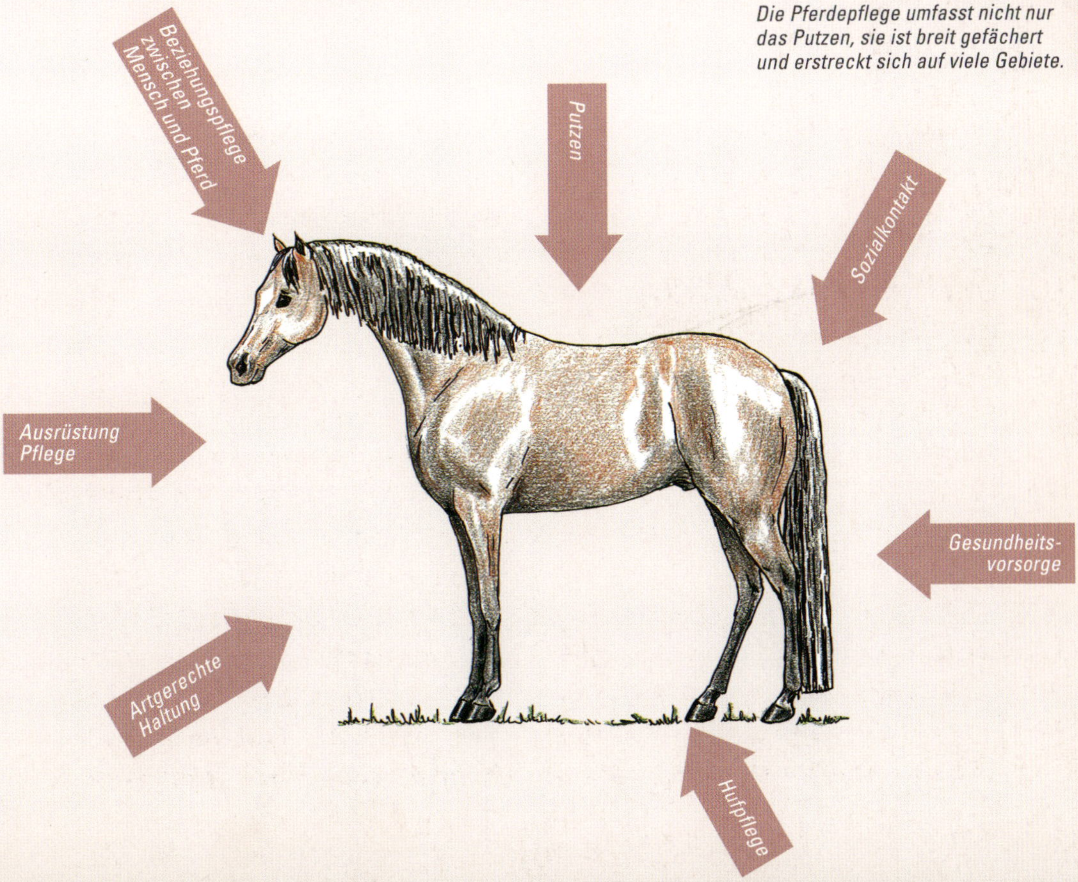

Putzen ist mehr

Das Putzen fördert die Vertrauensbasis zwischen Mensch und Tier.

Sie können die Stimmung Ihres Pferdes wahrnehmen. Auch Pferde können Freude, Unbehagen oder Trauer empfinden, und sie haben ein sehr gutes Gedächtnis. Dreht Ihnen das Pferd in der Box den Hintern zu oder läuft auf der Weide davon, stimmt zwischen Ihnen etwas nicht. Seien Sie nicht ärgerlich, sondern reflektieren Sie, warum das Pferd so reagiert. Seien Sie froh über sein Feedback, denn Sie möchten doch sicher einen Partner, der eine eigene Meinung hat und gerne mit Ihnen arbeitet, oder?

Hinweis

Beobachten Sie Ihr Pferd auf der Weide. Sie können dort viel über das Sozialverhalten des Pferdes lernen.

Durch den Kontakt mit dem Pferd lernt es Ihre Stimme, ob lobend, beruhigend oder strafend, kennen, was auch für das Reiten sehr wichtig ist.

Die Grunderziehung des Pferdes wird gefestigt. Soll es zur Seite gehen, muss es Ihrem Druck ausweichen. Der Rangniedrige weicht hier dem

Pferde sind von Natur aus neugierige und freundliche Lebewesen, die sich dem Menschen, wenn er sie gut behandelt, gerne anschließen.

Ranghöheren. Pferde wissen ganz genau, wo sie ihre Hufe hinsetzen, denn dies ist für sie in der Natur überlebensnotwendig. Als Fluchttiere sind Pferde auf ihre Trittsicherheit unbedingt angewiesen. Tritt Ihr Pferd Ihnen also auf den Fuß, ist dies nicht unbedingt ein Zeichen für Unachtsamkeit seitens des Pferdes, vielmehr könnte in diesem Fall in der Rangordnung noch einiges zu klären sein.

Auch die Ausrüstungspflege gehört dazu

Vor dem Reiten sollten Sattel- und Zaumzeug immer auf korrekte Passform und Druckpunkte kontrolliert werden, damit es gar nicht erst zu haarlosen, wund gescheuerten Stellen kommt. Auch die Satteldecke oder Schabracke muss sauber sein und glatt aufgelegt werden. Um Widerristdruck zu vermeiden, ist ein Einkammern der Satteldecke sinnvoll.

Hinweis

Ein gut liegender Sattel benötigt keine dicken Satteldecken, Schabracken oder Polster, diese können eine korrekte Passform sogar zum Nachteil verändern. Auch kann ein schlecht liegender Sattel durch dicke Unterlagen nicht in einen optimal sitzenden umgewandelt werden.

Pflege von Stallpferden und Pferden in Auslaufhaltung

Nicht jedes Pferd braucht das gleiche Maß an Pflege. Stallpferde haben eine besondere an Pflege nötig, ihnen fehlen die natürlichen Umwelteinflüsse wie Sonnenlicht und frische

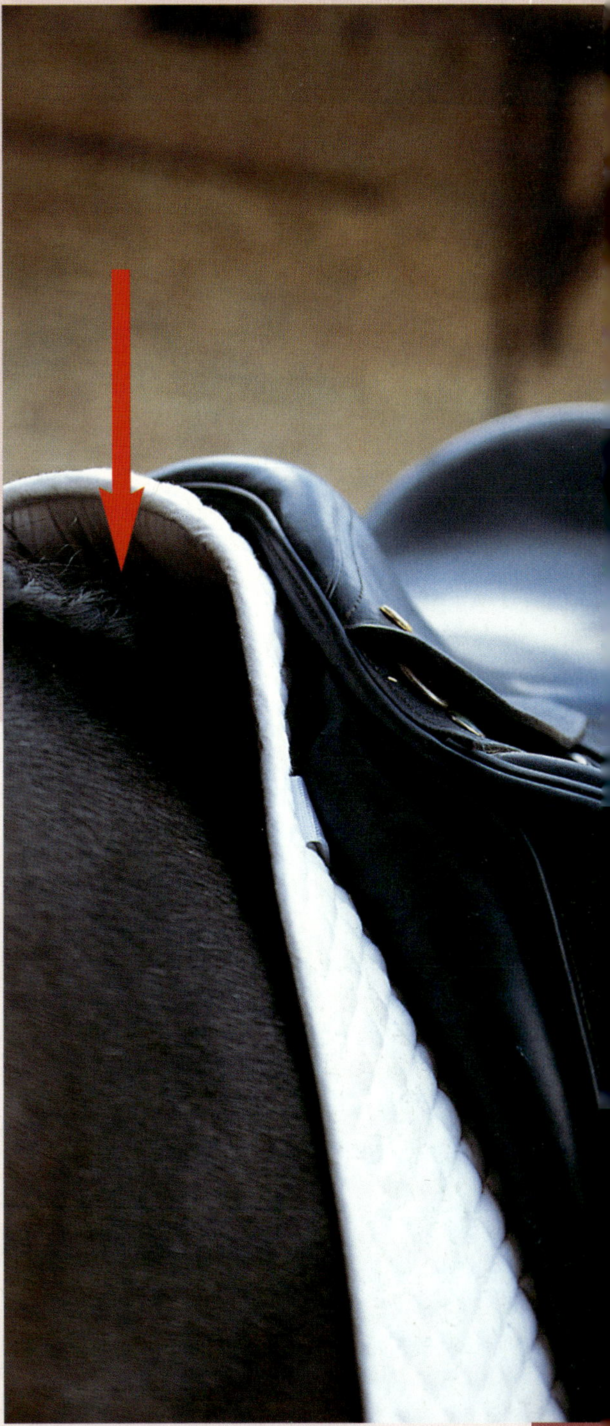

Das Einkammern der Satteldecke verhindert ein Spannen der Decke auf dem Widerrist, welches Schmerzen beim Pferd verursachen kann.

Diese Art der modernen Boxenhaltung mit angeschlossenem Paddock sorgt bei Stallpferden für Abwechslung. Für das Wohlbefinden jedes Pferdes ist der regelmäßige Sozialkontakt zu seinen Artgenossen wichtig.

Luft. Auch entfällt meistens das Scheuern, Wälzen und die gegenseitige Fellpflege, die für das Wohlbefinden nötig sind. Stallstaub, Mist und Urin in der Einstreu müssen täglich aus dem Fell entfernt werden. Um die Durchblutung der Haut anzuregen, ist das Putzen ebenfalls notwendig. Darüber hinaus dient es auch der stoffwechselanregenden Massage, die viele Pferde als sehr angenehm empfinden.

Für Stallpferde ist tägliches, gründliches Putzen wichtig. Aber auch hier gilt: Bitte beim Putzen nicht übertreiben, denn dadurch kann die Haut empfindlicher werden, eine daraus resultierende erhöhte Schuppenbildung kann die Folge sein.

Etwas anders sieht die Pflege bei Pferden aus, die draußen gehalten werden. Sie brauchen eine natürliche Fettschicht, die sie vor Kälte und Nässe schützt. Hier sollte bei einem nicht allzu stark verschmutzten Pferd nur das Deckhaar glattgebürstet werden. Achten Sie aber darauf, auch robust gehaltene Pferde vor dem Reiten so gründlich zu säubern, dass es nicht durch übersehene Schmutzreste zum Scheuern von Sattel- und Zaumzeug kommt. Die Stellen, die für das Pferd schlecht zu erreichen sind (siehe Kapitel „So wird geputzt") sind gründlich zu putzen. Weidepferde benötigen gerade im Frühjahr und Herbst zu Zeiten des Fellwechsels ein erhöhtes Maß an Pflege. In diesen Zeiten wird der Organismus mehr beansprucht und ist anfälliger für Krankheiten. Schrauben Sie die Arbeitsintensität in dieser Zeit etwas zurück, fragen Sie Ihren Tierarzt oder einen Futtermittelexperten nach einer unterstützenden Fütterung und entfernen Sie die losen Haare des Pferdes.

Hinweis

Pferde wechseln im Frühjahr und Herbst das Fell. Sie passen sich damit optimal den Temperaturschwankungen an.

Pferde, die draußen gehalten werden, wälzen sich nicht nur zum Vergnügen im Sand und im Schlamm, sondern auch, um sich vor Witterungseinflüssen und Insekten zu schützen. Regen entfernt den überflüssigen Sand und Schlamm. Diese Kruste hält aber auch bei Regen die Nässe fest, weshalb sie regelmäßig ausgebürstet werden muss.

Hinweis

Stellen Pferde bei Kälte ihre Haare auf, entsteht ein wärmendes Luftpolster. Eine Luftschicht oberhalb der Haut hält die Wärme im Körper. Ist es ein Pferd gewohnt, bei Wind und Wetter draußen (natürlich muss auch hier ein wetterfester Unterstand vorhanden sein) zu stehen, ist dies ein natürlicher Schutzmechanismus vor Wärmeverlust. Zittert das Pferd jedoch, ist es ihm absolut zu kalt, in diesem Fall sollte eingedeckt werden. Bei Stallpferden, die weniger abgehärtet sind, sollten Sie ebenfalls auf rechtzeitiges Eindecken achten, um einer Erkältung vorzubeugen.

Wir sollten beim Umgang mit dem Pferd immer daran denken, dass die Natur die Haut des Pferdes mit einem hoch entwickelten System aus Sinneszellen, Drüsen, Blutgefäßen ausgestattet hat. Wird die Hautfunktion immer wieder gestört, fühlt das Pferd sich nicht wohl!

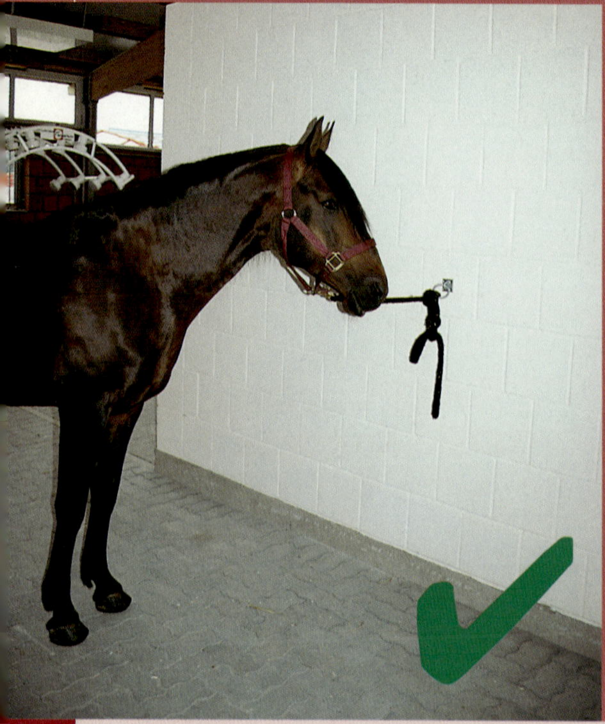

So sieht ein pferdegerechter Putzplatz aus.

Sicherheit geht vor

So sollte Ihr Putzplatz aussehen

Möchten Sie Ihr Pferd putzen, sollten Sie sich einen geeigneten Putzplatz suchen. Geputzt wird nicht auf der Weide oder im Paddock, weil ein angebundenes Pferd durch die anderen, frei laufenden verletzt werden kann, was auch für den Menschen eine Gefahr birgt.

Auch in der Box sollten Sie das Putzen vermeiden, denn dort fällt der Staub vom Reinigen wieder auf das Pferd, Einstreu und Futter zurück.

Der Putzplatz sollte sauber und trocken sein und eine Überdachung haben, damit Sie auch bei schlechtem Wetter putzen können. Er sollte genügend Platz bieten, damit Ihr Pferd sich so bewegen kann, dass es sich nicht verletzt oder in einer Schrecksituation den Menschen einquetscht. Licht, elektrische Anschlüsse und ein rutschsicherer Boden sind ebenfalls von Vorteil. Eine vollständige Stallapotheke für die Pferde und der Verbandskasten für Reiter sollte für jedermann erreichbar sein.

Achten Sie darauf, dass keine Gegenstände herumliegen. Forken, Schaufeln und alle weiteren Arbeitsgeräte gehören an einen eigenen Platz. Am besten eignet sich dafür eine Halterung an der Wand.

So vermeiden Sie bereits im Vorfeld die Gefahr von Verletzungen durch diese Gebrauchsgegenstände. Herumliegende Nägel, beispielsweise vom letzten Schmiedbesuch, Fahrräder und Landmaschinen haben ebenfalls nichts am Putzplatz verloren. Schränke oder Regale helfen

So bitte nicht!

Arbeitsgeräte gehören an einen eigenen Platz. Diese Halterung sorgt für Ordnung im Stall.

Dieser in der Mauer verankerte Anbindering sorgt für ein sicheres Anbinden des Pferdes.

Ordnung herzustellen. Tritt ein Pferd auf ein unter Strom stehendes Elektrokabel, besteht für das Pferd Lebensgefahr! Kabel sind in der Nähe von Pferden immer aus der Steckdose zu ziehen und außerhalb des Putzbereiches aufzubewahren.

Hinweis

Auch der Putzkasten sollte nicht in Reichweite des Pferdes stehen. Es könnte hineintreten und sich erschrecken!

Ein massiver Holzbalken oder ein in der Mauer verankerter Anbindering sollte vorhanden sein. Die Anbindevorrichtungen müssen stabil sein und dürfen nicht zu tief angebracht werden. Niemals dürfen Pferde an Boxengittern oder anderen instabilen Gegenständen angebunden werden, da sie in Fluchtsituationen enorme Kräfte aufbringen und sich dabei größte Verletzungen zuziehen können.

Sicherheitsaspekte bei der Pferdepflege

Pferde sind Fluchttiere, sie können in Situationen, die ihnen Angst bereiten, in Panik geraten und den Menschen und sich selbst in Gefahr bringen. In diesen Momenten hat der Mensch wenig Einwirkungsmöglichkeiten, denn der Fluchtinstinkt beherrscht das Verhalten des Pferdes. Jedoch geschehen Unfälle meist durch Unachtsamkeit und Unwissenheit des Menschen. Beobachten Sie deshalb Ihr Pferd,

Im dunkelgrün gekennzeichneten Teil sieht das Pferd scharf. Im hellgrünen Bereich werden schon minimale Bewegungen jeweils mit dem rechten oder linken Auge gesehen. Im rot gekennzeichneten Bereich befindet sich ein toter Winkel, in dem das Pferd nichts sieht. Der Mensch sollte deshalb, um das Pferd nicht zu erschrecken, immer seitlich an das Tier herantreten.

Merlin macht es richtig! Sie tritt seitlich an Sobreiro heran und spricht in ruhigem Tonfall mit ihm. Er hört ihr aufmerksam zu.

beschäftigen Sie sich mit dem Verhalten der Pferde in der freien Wildbahn und in ihrer täglichen Umgebung und achten Sie auf ein pferdegerechtes, sicheres Umfeld. So können viele Unfälle vermieden werden.

Hinweis

Der Fluchtinstinkt, der dem Pferd in der freien Wildbahn das Überleben sicherte ist auch bei unserem Hauspferd noch stark ausgeprägt.

Treten Sie immer seitlich an das Pferd heran, da sich im Bereich der Nüstern sowie etwa anderthalb Meter davor und direkt hinter ihm ein toter Winkel befindet, in dem es bei erhobenem Kopf nichts sieht. Reden Sie in ruhigem Tonfall mit Ihrem Pferd und achten Sie auf langsame, aber sichere Bewegungen. Bewegen Sie sich nicht schnell oder ruckartig.

Möchten Sie von einer Seite auf die andere wechseln, gehen Sie immer hinten um das Pferd herum. Das tun Sie entweder mit großem Abstand, oder Sie bleiben mit einer Hand auf der Kruppe und mit Ihrem Körper im Kontakt zum Pferd. So ist das Risiko, dass das Pferd Sie bei eventuellem Ausschlagen treffen kann, geringer. Sprechen Sie mit ihm!

Man sollte auf ein gut passendes, stabiles Halfter achten, welches weder einschnürt noch rutscht. Binden Sie Ihr Pferd niemals an einem Seilhalfter an, da sich das Pferd bei einem eventuellen Zurückwerfen schwerste Verletzungen zufügen kann. Seilhalfter haben keine Bruchstelle und reißen im Notfall nicht.

Merlin möchte auf die andere Seite von Sobreiro wechseln. Sie legt die Hand auf seine Kruppe, bleibt in Körperkontakt und redet in ruhigem Tonfall mit ihm.

Ein gut passendes Halfter darf weder rutschen noch einschnüren.

***So bitte nicht!** Pferde dürfen niemals an den Trensenringen angebunden werden, da dies zu schweren Verletzungen im Pferdemaul führen kann!*

***So ist es richtig!** Pferde werden immer am Halfter angebunden.*

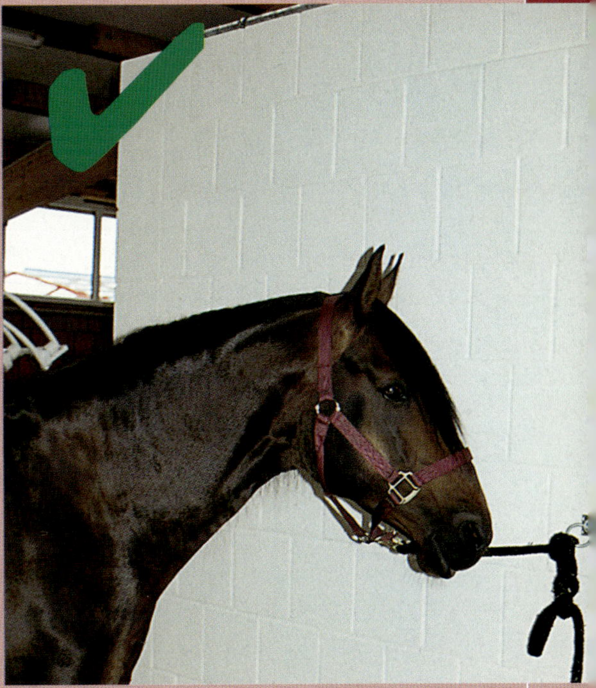

Halfter sind im Stall und auf der Weide oder dem Paddock abzunehmen. Pferde können darin mit ihrem Huf, an Ästen oder sonstigen Gegenständen hängen bleiben.

Binden Sie immer am Halfter und niemals an den Trensenringen an, da dies zu schweren Verletzungen im Pferdemaul führen kann!

Hinweis

Gewöhnen Sie das Pferd, bevor Sie es fest anbinden, an den ersten Kontakt mit dem Wasserschlauch und an ungewohnte Geräusche wie das Einsprühen mit Desinfektionsmittel oder Fliegenspray. Halten Sie das Pferd am Strick fest oder bitten Sie eine zweite Person Ihnen zu helfen. So können Sie Panikreaktionen vermeiden!

Verwenden Sie zum Anbinden einen Sicherheitsknoten, der sich mit einem Griff lösen lässt, wenn Sie am Ende des Knotens ziehen.

Am Strickende hat sich als Verschluss ein Panikhaken bewährt, der sich in Gefahrensituationen schnell öffnen lässt.

Das Pferd wird so kurz angebunden, dass es sich nicht mit den Vorderbeinen im Strick verfängt, doch so lang, dass es den Kopf bewegen kann.

Binden Sie Pferde, die nebeneinander geputzt werden sollen, weit genug voneinander entfernt an. Es darf weder zu einem Kontakt mit Nase oder Zähnen noch mit der Hinterhand kommen, wenn die Pferde sich umdrehen. Schlagverletzungen oder Bisswunden können die Folgen sein.

1. Führen Sie den Strick durch den Anbindering und formen Sie mit dem losen Strickende eine Schlaufe.
2. Mit dem losen Strickende wird eine weitere Schlaufe geformt, die von hinten nach vorne durch die erste Schlaufe gefädelt wird.
3. Wiederholen Sie dies mit der jeweils nächsten Schlaufe einige Male. Zieht man in einer Notsituation am Strickende, lässt sich der Knoten schnell öffnen.

Passen Sie auf Kinder und Hunde in Ihrer Umgebung auf. Sie gehören nicht zwischen die Pferdebeine! Auch Kinderwagen haben in der Nähe von Pferden nichts zu suchen. Bitten Sie Eltern und Hundebesitzer um Rücksichtnahme zum Schutze aller Beteiligten.

Natürlich kann trotz aller Vorsichtsmaßnahmen immer etwas Unvorhergesehenes passieren, denn Pferde sind Lebewesen und keine Maschinen. Viele Unfälle können aber bei einem achtsamen Umgang mit dem Pferd trotzdem vermieden werden. Gehen Sie daher mit gutem Beispiel voran und seien Sie gerade Kindern und Jugendlichen ein Vorbild!

Wird das Pferd zu lang angebunden, kann es sich im Strick verfangen, in Panik geraten und verletzen.

In Gefahrensituationen lässt sich der Panikhaken auch unter Zugspannung leicht öffnen.

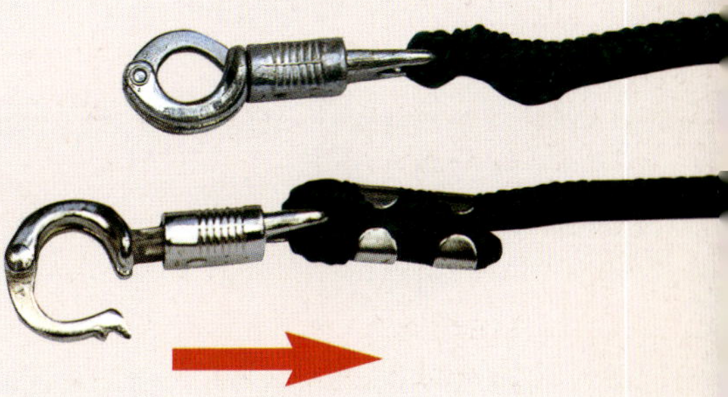

Achten Sie auf stabiles Schuhwerk, es kann Ihnen blaue Zehen, Quetschungen und Knochenbrüche ersparen.

Hinweis

Tragen Sie beim Pferd niemals Sandalen oder gehen gar barfuß! Achten Sie immer auf festes Schuhwerk.

Binden Sie lange Haare zusammen und legen Sie Fingerringe und Schmuck, mit dem Sie hängen bleiben könnten, ab.

Was Sie für die Pferdepflege brauchen

Der gut ausgerüstete Putzkasten und weiteres Zubehör

Um Ihr Pferd sinnvoll und effektiv pflegen zu können, ist eine Grundausstattung an Putzzeug sinnvoll. Damit es nicht zu einer Krankheitsübertragung von Pilz, Milben oder Schuppen kommt, sollte jedes Pferd sein eigenes Putzzeug besitzen. Zudem sollten alle Utensilien regelmäßig in einer Seifenlauge gereinigt werden.

In einen Putzkasten gehört folgende Grundausstattung:

- Kardätsche
- Gummistriegel oder Nadelstriegel
- Wurzelbürste
- Hufauskratzer
- Zwei kleine Schwämme in unterschiedlichen Farben
- Eine weiche Kopfbürste
- Ein Mähnen- und Schweifkamm oder eine Haarbürste
- Ein schmaler Mähnenkamm
- Schere
- Kaktustuch oder ein kombinierter Putzhandschuh
- Schweißmesser

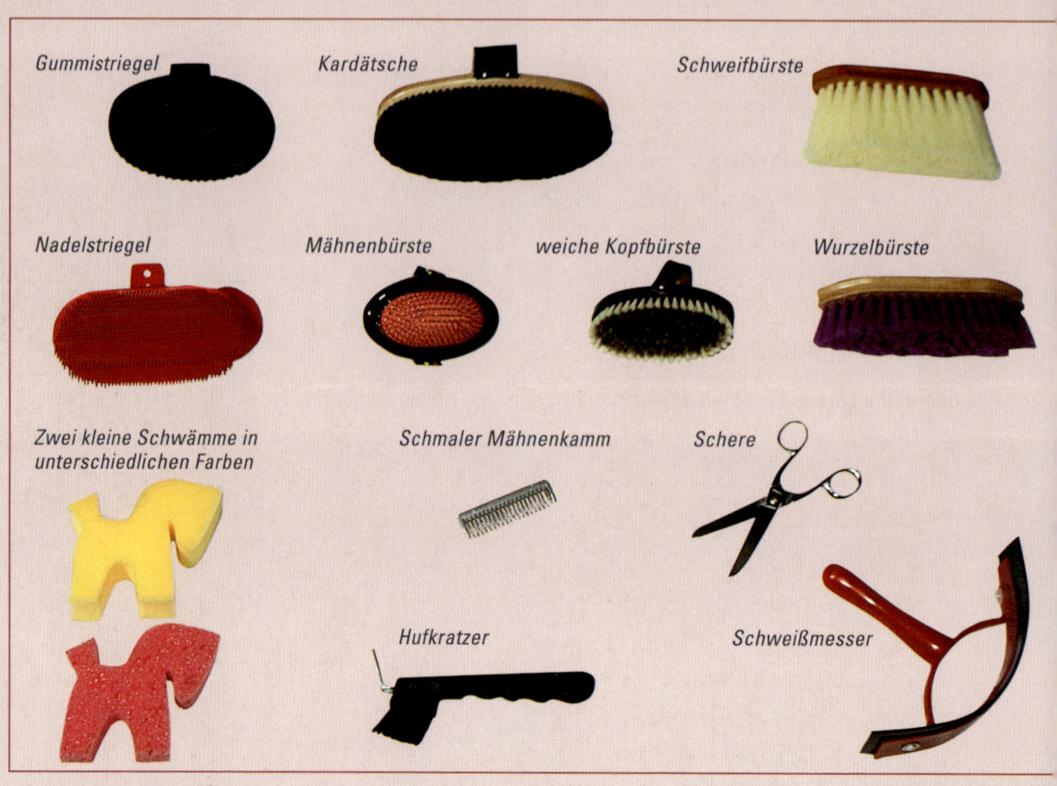

Die **Kardätsche** befreit die Haut und das Fell des Pferdes von Schuppen, Schmutz und überschüssigem Fett. Sie hat feine, kurze Borsten, am besten Naturborsten, und eine Handschlaufe auf dem Rücken.

Der **Gummistriegel** dient zum Schmutzabstreichen der Kardätsche, zur Schmutzlockerung und der Massage. Die Beine und der Kopf werden nicht mit diesem Striegel geputzt. Äußerste Vorsicht ist bei Metallstriegeln geboten, sie können die Haut des Pferdes verletzen und sollten, wenn überhaupt, nur zum Schmutzabstreichen benutzt werden.

Der **Nadelstriegel** dient ebenfalls dem Schmutzabstreichen der Kardätsche und der Massage des Pferdes.

Die **Wurzelbürste** befreit von angetrocknetem Schlamm oder Mistflecken. Sie hat einen Kunststoff- oder Holzrücken und steife, lange Kunststoff- oder Naturborsten.

Zum Reinigen der Hufunterseite benutzt man den **Hufauskratzer**.

Zwei unterschiedlich gefärbte **Schwämme** werden zum einen für die Augen- und Nüsternreinigung und zum anderen für die Genitalreinigung benötigt.

Eine kleine **weiche Kopfbürste** reinigt die empfindsamen Partien des Kopfes.

Einen grobzinkigen **Mähnenkamm-** und **Schweifkamm** oder eine Haarbürste braucht man für die vorsichtige Pflege von Mähne und Schweif. Ein schmaler Mähnenkamm hilft wenn nötig beim Verziehen der Mähne.

Eine **Schere** wird beispielsweise zum Kürzen des Schweifes benötigt

Das **Kaktustuch** besteht aus grober Naturfaser. Es entfernt den Oberflächenschmutz und lose Haare, hat eine Massagefunktion und sorgt am Ende des Putzens für Glanz. Das Kaktustuch gibt es auch als Handschuh, mit einer zusätzlichen weichen Seite zum Überpolieren.

Mit dem **Schweißmesser** wird nach dem Waschen Wasser oder Schweiß abgezogen. Bitte benutzen Sie keine Schweißmesser aus Metall, da diese durch scharfe Kanten oder eine unsachgemäße Handhabung zu Verletzungen führen können.

Es gibt auch elektrische **Pferdestaubsauger**, sie bedeuten eine große Zeitersparnis. Pferde sollten langsam an das Geräusch des Gerätes gewöhnt werden, bevor das erste Mal damit geputzt wird. Der Nachteil ist, dass diese Geräte relativ teuer sind. Auch bei Pferden, die in der Auslaufhaltung gehalten werden, ist Vorsicht geboten, da ein Staubsauger sehr gründlich reinigt und die natürliche Fettschicht angreifen könnte (siehe Kapitel „Pflege von Stallpferden und Pferden in Auslaufhaltung").

Vor dem Putzen sagen sich Janin und Sobreiro freundlich „Guten Tag!"

So wird geputzt

Vor dem Reiten

Lassen Sie Ihr Pferd, bevor Sie anfangen zu putzen, erst einmal an Ihrer Hand schnuppern. Dieses erste Bekanntmachen, das Pferde untereinander durch ein Beschnuppern zeigen, ist auch eine Form von Höflichkeit. Oder was würden Sie sagen, wenn jemand, den Sie unter Umständen nicht einmal kennen, auf Sie zustürmt und Ihnen gleich ins Gesicht fährt? Sie wären wahrscheinlich auch nicht begeistert.

Pferde haben bei erhobenem Kopf vorne und hinten einen toten Winkel, in dem sie nichts sehen. Der Mensch sollte immer seitlich an das Pferd herantreten und es in ruhigem, freundlichem Ton ansprechen, um es nicht zu erschrecken und ein Zurseitespringen oder Ausschlagen zu verhindern. Bewegen Sie sich nicht ruckartig oder unsicher. Verhalten Sie sich dem Pferd gegenüber ruhig, aber entschlossen, und achten Sie auf weiche Bewegungsabläufe und eine ruhige Stallatmosphäre.

Beobachten Sie die Reaktionen des Pferdes während des Putzens. Schlägt es dabei mit dem Kopf oder dem Schweif, legt die Ohren an oder hebt sogar drohend ein Hinterbein? Dann haben Sie eindeutig zu fest geputzt. Es gibt auch Pferde, die einen festeren Bürstendruck genießen, dem Menschen mit ihrer Nase sogar zeigen, wo es noch juckt und wo sie gerne gekrault werden möchten. Denken Sie daran, dass das Putzen keine lieblose Angelegenheit ist, sondern das positive Verhältnis zwischen Mensch und Tier stärken kann. Pferdepflege ist gleichzeitig auch Kontaktpflege. Auch Ihr Pferd soll das Putzen genießen.

Hinweis

Beobachten Sie beim Putzen die Reaktionen des Pferdes. Sie geben Ihnen Aufschluss über das körperliche und seelische Befinden Ihres Vierbeiners.

Geputzt wird von vorne nach hinten.

Mit dem **Gummistriegel** werden verkrustete Schmutzflecken mit im Uhrzeigersinn kreisenden Bewegungen aufgeraut. Ein **Kaktustuch** kann hier ebenfalls helfen.

Danach nimmt man die **Kardätsche**, um das Pferd von Schmutz und Staub zu befreien.

Sie wird auf der linken Seite in die linke Hand, auf der rechten Seite in die rechte Hand genommen. Geputzt wird in langen Bürstenstrichen in Fellrichtung. Dabei wird aus der Kardätsche nach jedem Strich der Schmutz aus den Borsten am Gummi- oder Nadelstriegel abgestreift und dieser am Boden abgeklopft.

Wichtig ist es, die Körperpartien des Pferdes gründlich zu reinigen, an die das Pferd selbst schlecht herankommt, und daher die Hilfe von Artgenossen oder des Menschen braucht. Schmutz oder durch Schweiß verklebte und ausfallende Haare im Fellwechsel können zwischen Vorder- und Hinterbeinen und Brust für ein Unwohlsein des Pferdes sorgen. Auch das Reinigen der Genitalien (siehe Kapitel „Die Intimpflege") gehört zu einer regelmäßigen Pflege dazu.

So ist es richtig! Janin putzt die linke Seite des Pferdes und hält dabei die Kardätsche in der linken und den Gummistriegel in der rechten0 Hand. Sie putzt in Fellrichtung.

Der Kopf wird mit einem weichen Lappen oder einer **Kopfbürste** geputzt. Hierbei ist besondere Vorsicht vor allem an den Ohren geboten, um das Pferd nicht kopfscheu zu machen. Die beruhigende Stimme und ruhige Bewegungen helfen dem Pferd Vertrauen zu fassen.

Da das Augensekret gerade im Sommer Fliegen anzieht, werden die Augen mit einem **Schwamm** gereinigt, danach werden mit diesem nach einem Auswaschen die Nüstern ausgewischt.

Mit der **Wurzelbürste** oder Kardätsche werden die Beine von oben nach unten geputzt. Da die Haut über den Knochen am Bein sehr dünn ist, wird hier kein Striegel benutzt, um dem Pferd keine Schmerzen zuzufügen. Achten Sie beim Reinigen auf eventuelle Verletzungen. Gerade bei Pferden mit langem Fesselbehang, wie beispielsweise Friesen, und bei Pferden mit weißen Abzeichen besteht erhöhte Maukegefahr.

Die Augen werden vorsichtig mit einem Schwamm gereinigt.

Hier ist auf eine gründliche Reinigung besonders zu achten, womit aber nicht tägliches Waschen, welches eher krankheitsanfällig macht, gemeint ist! Am besten lässt man den Dreck trocknen und bürstet ihn mit einer Wurzelbürste heraus.

Hinweis

Die Haut des Pferdes ist normalerweise (außer beispielsweise bei Albinos) schwarz pigmentiert. Bei Pferden mit weißen Abzeichen ist sie an diesen Stellen hell pigmentiert. Diese rosafarbene Haut ist empfindlicher gegenüber Sonneneinstrahlung, Verletzungen und Entzündungen und benötigt daher besondere Aufmerksamkeit bei der Pflege.

So bitte nicht! *Beugen Sie nie das Gesicht vor die Vorderbeine des Pferdes oder gehen gar vorne unter dem Hals durch, um von der einen auf die andere Seite zu wechseln. Hebt das Pferd in diesen Momenten ein Vorderbein, können Sie verletzt werden.*

Beugen Sie sich beim Putzen der Vorderbeine nicht mit dem Gesicht vor das Bein. Das Pferd kann Sie bei plötzlichem Anheben verletzten. An den Hinterbeinen ist besondere Vorsicht geboten. Stellen Sie sich beim Putzen nie hinter das Pferd, achten Sie auf die Reaktionen des Tieres und seien Sie darauf gefasst, dass es auch einen plötzlichen Schritt in Ihre Richtung tun kann.

Räumen Sie die Hufe aus (siehe Kaptitel „Pferdehufe richtig ausräumen“) und pflegen Sie Mähne und Schweif (siehe Kapitel „Pflege von Mähne, Schweif & Co.“).

Streichen Sie nun noch einmal mit der Hand über das Fell und die Gliedmaßen Ihres Pferdes. So können Sie überprüfen, ob Sie gründlich genug geputzt oder Verletzungen übersehen haben.

Mit einem weichen Tuch oder einem Kaktustuch wird das Pferd noch einmal blank gerieben.

Ein Pferd, das auf einem Turnier oder einer Vorstellung gezeigt werden soll, ist aus ästhetischen Gründen besonders gründlich zu putzen. Streichen Sie zur Kontrolle mit Ihren Fingern gegen den Strich. Bleibt kein Schmutz haften und sind keine Streifen und Schuppen zu sehen, haben Sie ganze Arbeit geleistet.

Stark verschmutzte Stellen werden mit einem Schwamm und lauwarmem Wasser gereinigt, danach mit einem Handtuch trocken gerieben und glatt gebürstet.

Tipp

Babyöltücher bringen nach dem gründlichen Putzen vor einer Vorstellung den letzten Glanz.

Das tut gut! Tamino freut sich über das Wälzen nach dem Reiten.

Nach dem Reiten

Stellen Sie sich vor, Sie haben intensiv Sport getrieben und sind dabei ordentlich ins Schwitzen gekommen. Nun wollen Sie als Erstes unter die Dusche. Ähnlich geht es dem Pferd: Der Schweiß juckt, das Fell ist verklebt. Es möchte sich am liebsten wälzen, beim anschließenden Schütteln fällt ein großer Teil der Schweißkrusten ab. Danach muss das Pferd noch gründlich geputzt oder gewaschen (siehe Kapitel „So waschen Sie Ihr Pferd“) werden, damit die Hautporen durch Schweiß, Talg und Staub nicht verstopfen können, die Haut weiter atmen kann und die natürlichen Abwehrkräfte der Haut erhalten bleiben.

Denken Sie daran, dass Puls und Atmung des Pferdes sich nach dem Reiten erst wieder normalisieren müssen, bevor ein Pferd abgespritzt werden darf. Reiten oder führen Sie Ihr Pferd also erst einmal rund 20 Minuten im Schritt.

Waschen Sie auch Nüstern, Augen und Genitalien mit lauwarmen Wasser (denken Sie an die unterschiedlichen Schwämme!) und reinigen Sie besonders gründlich die Stellen, an die das Pferd schwer herankommt.

Bei Pferden in Auslaufhaltung, die im Winter oftmals ein langes Fell haben, muss die Reitintensität so abgestimmt werden, dass das Pferd nicht zu stark schwitzt. Es dauert sonst lange, bis das Pferd trocken ist, und die Gefahr einer Erkältung ist erhöht. Sollte es doch einmal passiert sein, darf das Pferd nur vollkommen trocken wieder auf seinen Auslauf gestellt werden.

Hinweis

Niemals wird das Pferd nach dem Reiten einfach verschmutzt und verschwitzt weggestellt. Zum Reiten gehört auch immer die Pflege danach.

Kontrollieren Sie die Hufe auf Steine oder sonstige Fremdkörper. Die Eisen sollten ebenfalls auf herausstehende Nägel, eine Lockerung oder ein Verrutschen überprüft werden.

Auch die Intimpflege gehört zu einer gewissenhaften Pferdepflege dazu.

Hengste und Wallache produzieren im Schlauch Smegma, eine fettige, hell- oder dunkelfarbige, schuppige Substanz. Damit kein Juckreiz und keine Krankheiten entstehen, sollte man den Schlauch und die Schlauchöffnung im Abstand von einigen Wochen säubern. Das ist oftmals keine einfache Angelegenheit. Sprechen Sie bei der Reinigung mit Ihrem Pferd. Wichtig ist, das Penisende von Smegmaklumpen zu befreien. Am besten nutzen Sie den Zeitpunkt, wenn das Pferd gerade ausschachtet, beispielsweise zum Stallen (Urinieren). Sie benötigen lauwarmes Wasser, milde Seife, einen Schwamm und ein sauberes Handtuch. Reinigen Sie den Schlauch und die Schlauchöffnung mit Wasser und Seife; danach gründlich ausspülen und mit einem Handtuch die Außenseite und den Eingang abtrocknen. Sie können den Schlauch auch mit lauwarmem Wasser aus einem Wasserschlauch reinigen.

Fahren Sie nochmals mit der flachen Hand den Pferdekörper ab auf der Suche nach eventuellen Verletzungen.

Ihr Pferd wird es Ihnen durch eine freudige Begrüßung und eine positive Mitarbeit am nächsten Tag danken!

Die Intimpflege

Zu einer gewissenhaften Pferdepflege gehört auch die Reinigung der Geschlechtsorgane. After, Euter und Scheide, an denen sich Parasiten und Schmutz festsetzen und Juckreiz auslösen können, werden mit einem feuchten Schwamm regelmäßig gereinigt. So kann ein Unwohlsein und Scheuern des Schweifs vermieden werden. Bitte vergessen Sie nicht die Unterseite der Schweifrübe und zwischen den Hinterbacken zu reinigen.

Pflege von Mähne, Schweif & Co.

Mähne, Schweif und Fesselbehang gehören zum Langhaar des Pferdes. Leider sieht man heute viel zu viele Pferdebesitzer, die wahllos an den Haaren herumschneiden. Sie sind sich oftmals nicht darüber im Klaren, welche Schutzfunktionen sie dem Pferd dadurch nehmen. Die Natur hat sich nämlich einiges dabei gedacht!

Die Haare an den Ohren bieten Schutz vor Insekten. Die Mähne hält die Nässe ab, der Schopf die Fliegen. Der Schweif vertreibt Insekten und schützt die darunter liegenden Genitalien vor Wind und Wetter. Der Fesselbehang schützt die Fesselbeuge vor Nässe, Verletzungen und Krankheiten wie der Mauke.

Die Tasthaare im Maul- und Nüsternbereich dienen der Orientierung beim Absuchen des Bodens und von Gegenständen. Sie dürfen auf gar keinen Fall entfernt werden! Auch die Haare um die Augen herum, die diesem Sinnesorgan Schutz bieten, dürfen nicht geschnitten werden!

Hinweis

Tasthaare im Augen, Maul- und Nüsternbereich dürfen niemals entfernt werden!

Auch Pferden, die überwiegend im Stall gehalten werden, sollte man, da ein Paddock- oder Weidegang auch hier wünschenswert ist, nicht wahllos das Langhaar kürzen.

Trotzdem gibt es Situationen, zum Beispiel Turniere oder andere Veranstaltungen, wo das Frisieren des Pferdes unter ästhetischen Gesichtspunkten vorteilhaft ist.

Schneiden Sie bitte nicht die Schweifrübenhaare; die nachwachsenden Haare pieken und rufen beim Pferd Unbehagen hervor. Am besten ist es, die Schweifrübenhaare einzuflechten oder wenn nötig Haar für Haar einzeln zu verziehen. Das Verziehen von Mähnen- und Schweifhaaren ist eine schmerzhafte Angelegenheit, die von den Pferden unterschiedlich aufgenommen wird. Gehen Sie behutsam vor!

Damit das Pferd nicht auf den Schweif tritt und sich kostbare Haare auszieht, sollte er bis auf eine Handbreit über dem Fesselgelenk gekürzt werden.

Möchten Sie die Fesselhaare schneiden, lassen Sie einen kleinen Haarzipfel stehen, so kann immer noch ein Teil des Wassers ablaufen.

Die herausragenden Ohrenhaare kürzen Sie vorsichtig mit einer abgerundeten Schere. Die dichten Haare zwischen den Ganaschen können auch mit der Schere entfernt werden.

Viele Menschen schneiden dem Pferd am Genick die Haare weg, in der Vorstellung, dass dann Zaumzeug und Halfter besser liegen. Jedoch führt dies an dieser Stelle, durch die nachwachsenden Haare und den Druck von Zaumzeug und Halfter, eher zu Reizungen und Unwohlsein beim Pferd. Sortieren Sie also lieber Strähne für Strähne des Schopfes und der Mähne unter dem Genickstück heraus.

Damit sich das Pferd keine Schweifhaare austritt, sollte der Schweif bis auf eine Handbreit über dem Fesselgelenk gekürzt werden.

Hinweis

Prüfen Sie bei jedem Griff zur Schere, ob ein Entfernen des Langhaares wirklich notwendig ist. Gekürztes Langhaar entscheidet nicht über ein gutes Endergebnis bei einer Vorstellung, das Pferd soll nur gepflegt aussehen.

Janin bürstet Sobreiros Mähne vorsichtig mit einem grobzinkigen Mähnenkamm. Sie hält dabei mit der linken Hand die Mähnenhaare fest, damit sie keine Haare auszieht und es Sobreiro nicht ziept.

Janin umfasst mit einer Hand den Schweif und bürstet ihn mit der anderen vorsichtig mit einer Schweifbürste. Sie fängt dabei unten an und wandert langsam nach oben.

Das benötigen Sie für die Pflege von Mähne und Schweif

Für die Mähnen- und Schweifpflege benötigt man einen Mähnenkamm mit breiten Zinken oder eine Wurzelbürste mit möglichst langen Borsten, die ebenfalls für die Schweifpflege verwendet wird, wenn nötig einen schmalen Verziehkamm mit kleinen Zwischenräumen, einen Schwamm und eine Schere mit abgerundetem Ende. Auch eine Haarbürste ist sinnvoll.

Bürsten Sie die Mähne nur Strähne für Strähne und halten Sie diese mit der freien Hand unterhalb des Mähnenkammes am Mähnenansatz fest, um keine Haare herauszuziehen. Benutzen Sie dafür eine Wurzelbürste mit langen Borsten, den grobzinkigen Mähnenkamm oder die Haarbürste. Um Haare zu glätten benutzen Sie einen feuchten Schwamm, oder flechten Sie die abstehenden Strähnen für kurze Zeit auf die gewünschte Seite.

Mit der Schweifpflege fängt man ganz unten an. Eine Hand umfasst den Schweif, die andere bürstet darunter und wandert dann langsam höher bis zur Schweifrübe. Verknotete Haare in Mähne und Schweif werden einzeln mit der Hand verlesen.

Hinweis

Denken Sie daran, dass ein ausgerissenes Schweifhaar Jahre braucht, bis es nachgewachsen ist.

Waschen Sie Mähne und Schweif nicht zu oft und nur mit einem milden Pferde- oder Babyshampoo. Versuchen Sie, wenn Sie waschen, richtig an Schweifrübe und Mähnenkamm heranzukommen. Spülen Sie danach gut aus.

Tipp

Um einen besonders vollen Schweif zu bekommen, können Sie den Schweif nach dem Waschen in einige große Zöpfe flechten. Danach trocknen lassen, ausflechten und die Haare vorsichtig verlesen.

Mein Pferd wird weiß – Tipps und Tricks rund um die Pferdepflege

Die Schimmelpflege ist oftmals nicht einfach. Pferde, die täglichen Weide- und Paddockgang haben, wälzen sich ausgesprochen gern an erdigen Stellen, und auch in der Box kann es passieren, dass sie sich einmal in einen Äppelhaufen legen. Was ist zu tun?

Lassen es Wetter und Jahreszeit zu, können Sie Schmutz und Flecken mit lauwarmem Wasser und einem Schwamm entfernen (siehe Kapitel: „So waschen Sie Ihr Pferd"). Danach das korrekte Trocknen bitte nicht vergessen!

Zur Reinigung kann ein Kaktustuch sehr nützlich sein, dieses Tuch gibt es auch als Handschuh mit einer zusätzlichen weichen Seite zum Überpolieren. Rauen Sie den Schmutz mit im Uhrzeigersinn kreisenden Bewegungen auf. Dies geht vorsichtig angewandt auch an empfindlichen Partien wie den Beinen und dem Kopf. Es empfiehlt sich, das Kaktustuch regelmäßig zu waschen.

Hinweis

Glanzsprays dienen, in Maßen angewendet, der Mähnen- und Schweifpflege. Benutzen Sie sie bitte nicht als Ganzkörpersprays, da die meisten Sprays Silikonstoffe enthalten, die die Hautatmung behindern.

Darüber hinaus gibt es viele chemische Schnellreiniger und Trocken-Shampoos. Sie werden auf den Fleck aufgesprüht oder eingerieben, wirken ein, trocknen und werden dann herausgebürstet. Doch Vorsicht vor zu viel Chemie! Solche Pflegeprodukte können, zu häufig angewandt, bei manchen Pferden allergische Reaktionen auslösen. Sie enthalten meist zusätzliche Duft- und Alkoholstoffe, vor denen sich die Haut durch eine erhöhte Fettproduktion zu schützen versucht. Diese Fettschicht wird wiederum von den Inhaltsstoffen zerstört, sodass die Haut trocken wird.

Tipp

Feuchten Sie das Fell an und bringen Sie eine dünne Schicht Kartoffelmehl auf die Schmutzflecken auf. Lassen Sie es trocknen und bürsten Sie es aus. Der Fleck ist weg.

So waschen Sie Ihr Pferd

Was benötigen Sie für die Wäsche?

Für die Pferdewäsche ist ein ebener Platz vorteilhaft, an dem das Wasser gut ablaufen kann und sich keine Pfützen bilden. Wichtig sind ein rutschfester Boden und eine stabile Anbindevorrichtung. Der Wasserschlauch sollte so platziert werden, dass das Pferd nicht darauftreten kann. Ein löchriger Schlauch ist schwer zu flicken, ständige Neuanschaffungen sind teuer. Am besten eignet sich ein an der Wand befestigter Schwenkarm, von dem aus der Wasserschlauch von oben herunterhängt.

Im Idealfall ist ein Warmwasseranschluss vorhanden.

Weiterhin ist ein Schweißmesser, das Schmutz und Wasser aus dem Fell zieht, erforderlich. Bitte benutzen Sie wegen der Verletzungsgefahr kein Schweißmesser aus Metall, sondern eines aus Plastik.

Ein sauberes Handtuch zum Trockenreiben sowie ab und zu ein mildes Baby- oder Pferdeshampoo vervollständigen die Ausrüstung.

Wann sollten Sie Ihr Pferd waschen?

Das Waschen Ihres Pferdes ist immer dann sinnvoll, wenn das Fell durch Schweiß, Staub und Schmutz sehr verklebt ist. In diesen Fällen ist eine nasse Dusche effektiver als das normale

Achten Sie beim Abspritzen auf lauwarmes Wasser und beginnen Sie an den Hufen der Vorderbeine. Ist das Pferd nicht an das Abspritzen gewöhnt, halten Sie es am Strick fest oder bitten Sie eine zweite Person Ihnen zu helfen.

Bürsten des Pferdes. Getrockneter Schlamm lässt sich, wie im Kapitel „So wird geputzt" beschrieben, gut entfernen, während sich nasse, schmutzige Stellen nicht so leicht mit Bürste & Co. beseitigen lassen. Bitte lassen Sie feuchte, schlammige Stellen nicht im Pferdefell kleben, da sich durch Sattel und Zaumzeug Druckstellen bilden können.

Beginnen Sie die Dusche mit lauwarmem Wasser an den Hufen der Vorderbeine. Gehen Sie mit dem Strahl langsam bis unterhalb der Schulter nach oben. Danach kommen die Hinterbeine dran, hier wieder von unten nach oben. Lassen Sie sich damit Zeit. Achten Sie darauf, dass der Strahl nicht zu hart ist, dies ist unangenehm für das Pferd. Nun können Sie alle weiteren Körperpartien unter Zuhilfenahme eines Schwammes reinigen. Vergessen Sie dabei die Genitalien und die für das Pferd schwer zugänglichen Stellen nicht.

Duschen Sie die empfindliche Rückenmuskulatur (insbesondere die Nierenpartie) nie mit kaltem Wasser. Die gesamte Muskulatur, besonders die für das Reiten so wichtige Rückenmuskulatur, kann mit Verspannungen auf eine zu kalte Wäsche reagieren.

Die einzige Körperpartie, die beim Duschen ganz ausgenommen wird, ist der Kopf. Er wird nur mit einem nassen Schwamm gereinigt. Es darf kein Wasser in die Ohren kommen.

Nun ziehen Sie Wasser und Schmutz aus dem Fell des Pferdes in Fellrichtung mit einem Schweißmesser ab, führen oder reiben das Pferd trocken oder lassen es an einem zugfreien Ort trocknen. Legen Sie ihm, wenn es nicht zu warm ist, eine leichte Abschwitzdecke auf. Auch das Abreiben mit einem Handtuch oder Strohwisch kann das Trocknen beschleunigen.

Tipp

Eine unter der Abschwitzdecke liegende Strohschicht fördert die Luftzirkulation. Sie verhindert, dass die nasse Decke auf dem Pferd liegt und dieses dadurch zu frieren beginnt.

Haben Sie ein Pferdesolarium in Ihrem Stall? Umso besser! Dadurch trocknet das Fell Ihres Pferdes ebenfalls schneller. Vorsicht ist im Winter bei zu intensiver Bestrahlung geboten, da die Haut des Pferdes sich sehr aufheizt. Stellt man sein Pferd danach einfach in die Kälte, kann es

Das Schweißmesser zieht Schmutz und Wasser aus dem Fell. Benutzen Sie das Schweißmesser immer in Fellrichtung.

sich durch den Temperaturwechsel erkälten. Bitte beachten Sie deshalb beim Gang unter das Solarium die Empfehlung des Herstellers bezüglich der optimalen Bestrahlungszeit und des korrekten Abstandes zwischen Lampen und Pferd. Decken Sie es danach ein. Auch sollte das Solarium das Trockenreiten nach dem Reiten nicht ersetzen, da der Körper eine ganze Zeit nach der Arbeit noch Wärme abgibt. Kommt nun von außen noch zusätzliche Wärme hinzu, kann es zum Wärmestau kommen. Besser eignet sich eine Bestrahlung vor dem Reiten als zusätzliches Aufwärmprogramm für die Muskulatur.

Im Winter sind Stallpferde und Pferde mit Winterfell nur an den stark verschmutzten und verschwitzten Körperpartien mit lauwarmem Wasser und Schwamm zu waschen. Reinigen Sie nur die stark verdreckten Stellen und lassen Sie die empfindliche Rückenpartie (insbesondere die Nierenpartie) aus. Führen oder reiben Sie es danach trocken. Bitte die Abschwitzdecke nicht vergessen!

Die Fesselbeugen müssen gut abgetrocknet werden, ansonsten besteht erhöhte Maukegefahr.

Ein Pferdesolarium kann das Fell Ihres Pferdes nach der Wäsche schneller trocknen lassen und dient dem zusätzlichen Aufwärmen der Muskulatur vor dem Reiten. Bitte beachten Sie die Bedienungshinweise des Herstellers.

Hinweis

Häufiges Waschen mit Shampoo und Seife zerstört die natürliche Fettschicht des Pferdes.

Möchten Sie an einem Turnier oder einer anderen Veranstaltung teilnehmen, können Sie auch ein mildes Baby- oder Pferdeshampoo benutzen. Spülen Sie die Shampooreste jedoch gründlich aus, da Ihr Pferd sonst unter einem unangenehmen Juckreiz leiden kann. Und grundsätzlich gilt: Seien Sie sich bewusst, dass das ständige Waschen mit Shampoos die natürliche Fettschicht Ihres Pferdes zerstört. Dies ist bei der Reinigung mit klarem Wasser nicht der Fall.

Wie viel Pflege braucht der Huf?

Ohne einen gesunden Huf ist kein Pferd auf Dauer leistungsfähig. Ungemistete Boxen, zu lange Wartezeiten bis zum nächsten Schmiedbesuch oder zu enge Eisen sind nur einige mögliche Ursachen für Krankheiten und Schmerzen, die einen weiteren Einsatz des Pferdes verhindern können.

Hinweis

Achten Sie auf eine korrekte Hufpflege. Der Funktionsmechanismus des Hufes ist sehr komplex, auch das Übersehen von scheinbaren Kleinigkeiten kann beträchtliche Folgen nach sich ziehen.

Die tägliche Bewegung ist für den Pferdehuf und seine Durchblutung sehr wichtig. Hierbei spielt auch die Haltung eine große Rolle. Eine gute Hufpflege fängt bei der Stallhygiene an: Eine nicht täglich gemistete Box ist durch den im Urin befindlichen Ammoniak Gift für die Hufe. Strahlfäule kann eine Folge davon sein. Auch matschige Paddocks, die nur unregelmäßig abgeäppelt werden, greifen den Huf in seiner Substanz an.

Zu einer guten Hufpflege gehört die tägliche Kontrolle der Hufe auf Steine, Scherben, Mist und Schlamm. Gutes Erdreich und Gras müssen nicht entfernt werden, sie tun dem Huf gut. Pulen Sie bitte auch nicht jeden kleinen Steinsplitter aus der weißen Linie heraus, sie wird sonst immer löchriger und instabil, aber entfernen Sie jeden größeren Stein.

Bei unbeschlagenen Pferden sollten Sie bei größeren Hornwandausbrüchen Ihren Schmied rufen.

Hat Ihr Pferd Hufeisen, so kontrollieren Sie auch diese täglich: Sitzt das Eisen schief? Ist es locker? Gucken Nägel heraus? Ist ein Eisen abgetreten? Auch in diesen Fällen sollte dringend der Hufschmied gerufen und bis zu seinem Eintreffen das Pferd nicht geritten werden.

Ein guter Hufschmied ist für die Gesundheit Ihres Pferdes maßgeblich! Achten Sie bei der Auswahl Ihres Schmiedes auf absolute Fachkompetenz. Um sich zu informieren, was einen guten Schmied ausmacht, empfehle ich Ihnen das Buch: „Burkhard Rau: Gute Arbeit am Huf" (Cadmos Verlag).

Alle vier bis acht Wochen sollte der Schmied zu Ihrem Pferd kommen.

Neben einer Vernachlässigung der Hufpflege kann man im anderen Fall auch durch ständiges Waschen oder Fetten überpflegen. Durch zu viel Fett auf den Hufen werden diese spröde und trocken. Durch zu häufiges Waschen kann eine Staunässe entstehen, die das Horn brüchig werden lässt wie feuchtes Mauerwerk. Auch die Entstehung von Fäulnisprozessen in der Wand und im Strahl können durch übertriebenes Waschen gefördert werden.

Daher nicht vergessen: Hufe können sowohl zu feucht als auch zu trocken sein. Für den Reiter ist es oft, gerade auch durch die unterschiedlichen Witterungsbedingungen, schwierig zu erkennen, was der Huf an Pflege benötigt. Fragen Sie daher Ihren Schmied und Tierarzt, welche Pflege die Hufe Ihres Pferdes brauchen. Ziehen Sie diese Experten auch zu Rate, wenn Ihr Pferd geschädigte Hufe hat. Sie können Ihnen dann Empfehlungen für die Hufpflege und eine abgestimmte Fütterung geben.

Womit behandeln Sie die Hufe am besten? Prinzipiell sind hochwertige Hufpflegeemulsionen am besten, da sie das Atmen des Hufes nicht verhindern. Werden Fette oder Öle verwendet, ist auch hier auf gute Qualität zu achten. Sie sollten nicht zu lange gelagert werden, da sie sonst ranzig werden können.

Hufteer wird oftmals wegen seiner austrocknenden Wirkung verwendet. Jedoch besteht die Gefahr, dass Fäulnisprozesse unter der Hufteerschicht versiegelt werden, da viele der Fäulniserreger unter Luftabschluss beste Lebensbedingungen finden um sich zu vermehren. Für den Anwender sind Hufteere nicht ungefährlich. Einige Inhaltsstoffe stehen im Verdacht krebserregend zu sein und werden deshalb in der Humanmedizin bei Hauterkrankungen nicht mehr eingesetzt.

Eine bessere Alternative bieten Huffestiger, die härtende und keimtötende Wirkstoffe enthalten, welche die Fäulnisprozesse bekämpfen. Sie sind zudem einfacher in der Handhabung.

Hinweis

Lorbeeröl ist ein ätherisches Öl, das durch Verdunstung trocknet. Am Saumrand aufgetragen fördert es die Durchblutung und regt das Hufwachstum an. Das Lorbeeröl kann aber auch bei zu häufigem Anwenden reizend wirken und sogar eine Saumbandentzündung hervorrufen. Werden Reizungen am Kronsaum sichtbar, ist die Behandlung sofort abzubrechen.

Die Hufe von Pferden, die draußen unter artgerechten, hygienischen Bedingungen gehalten werden, brauchen oftmals wenig zusätzliche Pflege, denn in der Natur sorgen Regen und Tau für einen natürlichen Feuchtigkeitshaushalt. Läuft das Pferd zusätzlich noch auf unterschiedlichen Bodenverhältnissen, fördert dies die Durchblutung und, wenn das Pferd ohne Eisen läuft, den natürlichen Abrieb. Wobei das nicht bedeutet, dass diese Pferde auf den regelmäßigen Schmiedbesuch verzichten können!

Das Auskratzen der Vorderhufe

1. *Binden Sie Ihr Pferd korrekt an. Nähern Sie sich ihm seitlich von vorn. Stellen Sie sich in Richtung Schweif blickend neben das Pferd. Legen Sie eine Hand an die Schulter des Pferdes.*
2. *Ihre Hand wandert an den Vorderbeinen von der Schulter hinab ...*
3. *... bis zum Röhrbein. Dieses wird umfasst. Sagen Sie nun eine immer gleich lautende Aufforderung wie beispielsweise „Gib Huf". Geben Sie zur besseren Verständigung immer das gleiche Kommando. Ziehen Sie niemals den Huf an den Fesselhaaren hoch. Gibt Ihr Pferd den Huf nicht, drücken Sie mit Daumen und Zeigefinger etwas in die Sehne oberhalb des Fesselkopfes. Reden Sie Ihrem Pferd gut zu und wiederholen Sie das Kommando. Lehnen Sie sich dabei etwas gegen das Pferd.*
4. *Hebt das Pferd seinen Huf, fährt die Hand zum Huf und hält ihn fest, mit der anderen Hand wird der Huf gereinigt.*

Hinweis

Auf Ausritten sollten Sie immer einen Hufauskratzer dabei haben. So können Sie Fremdkörper gleich entfernen.

Pferdehufe richtig ausräumen

Für das Pferd als Fluchttier, für das gesunde Hufe und ein funktionstüchtiger Bewegungsapparat lebensnotwendig sind, ist es ein großer Vertrauensbeweis, dem Menschen einen Huf zu geben. Stehen nur noch drei Beine auf dem Boden, können Pferde in Gefahrensituationen nicht mehr fliehen. In der Wildnis kann es sie das Leben kosten.

Bringen Sie einem jungen Pferd das Hufegeben bei, so haben Sie Geduld, damit Sie das Vertrauensverhältnis nicht zerstören. Möchte Ihnen ein erfahrenes Pferd partout nicht die Hufe geben, so sollten Sie an der Vertrauensbasis zwischen Ihnen beiden arbeiten, reden Sie ihm gut zu und loben Sie es besonders, wenn es Ihnen seinen Huf auch nur ansatzweise gibt. Möchte ein Pferd seine Hufe von einem Tag auf den anderen nicht geben, kann dies auch Schmerzen als Ursache haben. Tasten Sie die Beine und Hufe ab und rufen Sie im Fall von Auffälligkeiten den Tierarzt.

Bleiben Sie beim Hufeauskratzen bitte nah am Pferd stehen, möglichst mit engem Körperkontakt. Achten Sie auf Ihre eigenen Füße; springt Ihnen das Pferd unglücklich auf den Fuß, kann dies Knochenbrüche oder andere Verletzungen nach sich ziehen. Lassen Sie den Huf nach dem Auskratzen niemals einfach fallen, da dies für Ihr Pferd sehr schmerzhaft ist und es sich verletzen kann. Auch sind Vorder- und Hinterbeine von ihrem Gelenkaufbau her nicht dazu gedacht, sie zur Seite herauszuziehen.

Das Auskratzen der Hinterhufe

1. *Legen Sie eine Hand auf die Kruppe des Pferdes. Ihre Hand wandert an den Hinterbeinen von der Kruppe hinab ...*
2. *... an der Außenseite hinunter. Unterhalb des Sprunggelenks fährt Ihre Hand nach innen, am Röhrbein entlang bis oberhalb des Fesselkopfes. Das Kommando ist dasselbe wie beim Auskratzen der Vorderhufe.*
3. *Der Huf wird mit beiden Händen gehalten. Denken Sie daran, das Pferd kurz entspannen zu lassen, bevor Sie den Huf richtig aufnehmen. Erst wenn es den Huf und das Bein locker lässt, heben Sie ihn weiter nach oben. Nun wird die innere Hand weggenommen und von außen über das Pferdebein gelegt. Der Huf kann auch auf dem Knie abgelegt werden.*
4. *Reinigen Sie bei Vorder- wie Hinterhufen die Sohle vorsichtig und entfernen aus den Strahlfurchen den Dreck von oben nach unten. Der weiche Hufstrahl ist das Tastorgan des Pferdes und sehr empfindlich, hier nur mit äußerster Vorsicht reinigen!*

Nachversorgung im Stall und auf der Weide

Der tägliche abendliche Kontrollgang gehört zu einer umfassenden Pferdepflege dazu. Ist es Ihnen nicht möglich ihn selber vorzunehmen, sollten Sie sich auf das Stallpersonal verlassen können. Der Rundgang kann lebensrettend sein! Wie schnell kann sich ein Pferd festlegen, im Zaun verfangen oder unter einer starken Kolik leiden! Wird dies nicht sofort entdeckt, kann es am nächsten Morgen schon zu spät sein.

Prüfen Sie den Gesundheitszustand des Pferdes. Rufen Sie bei Auffälligkeiten den Tierarzt. Fällt Ihnen bei einem fremden Pferd etwas auf? Dann sollten sofort der Besitzer beziehungsweise der dazugehörige Tierarzt informiert werden.

Die Halfter sollten in der Box und auf der Weide oder dem Paddock abgenommen werden.

Kontrollieren Sie bei Ihrem Pferd auch die Hufe auf lockere oder verlorene Eisen und herausragende Nägel.

Hinweis

Prüfen Sie die Trinkwasserversorgung auf Verunreinigungen. Ist die Selbsttränke funktionstüchtig? Hat Ihr Pferd etwa hineingeäppelt? Bekommen die Pferde auch auf der Weide oder dem Paddock genügend sauberes Wasser?

Überprüfen Sie beim Kontrollgang auch die Futter- und Trinkwasserversorgung. Sind die Tränken sauber und funktionstüchtig, steht auf der Weide oder dem Paddock genügend Wasser zur Verfügung? Gibt es genügend Raufutter?

Steht das Pferd im Stall, sollten alle nassen Stellen und Pferdeäpfel entfernt und die Box auf genügend Einstreu kontrolliert werden. Streuen Sie gegebenenfalls die Box noch einmal nach.

Überprüfen Sie beim Verlassen des Stalls, ob Sie Stall und Sattelkammer abgeschlossen haben und alle Lichter gelöscht sind. Gehen Sie auch den Weidezaun ab, überprüfen Sie, ob der Strom eingeschaltet und das Weidetor geschlossen ist. Nun können Sie mit gutem Gewissen nach Hause fahren und sich auf den nächsten Tag mit Ihrem Pferd freuen.

Denken Sie daran, dass gutes Reiten immer mit einem guten Umgang mit dem Pferd Hand in Hand geht. Dann bringt das Miteinander beiden Seiten Spaß!